Roy Publicae

Gelber Schein

Roy Publicae

Gelber Schein

kontrovers

Dictus Publishing

Cover image: www.ingimage.com

Publisher:
Dictus Publishing
is a trademark of
International Book Market Service Ltd., member of OmniScriptum Publishing Group
17 Meldrum Street, Beau Bassin 71504, Mauritius
Printed at: see last page
ISBN: 978-613-7-35508-4

Inhaltsverzeichnis:

I. <u>Kontroverse:</u>

„Gelber Schein" ja oder nein?[1]

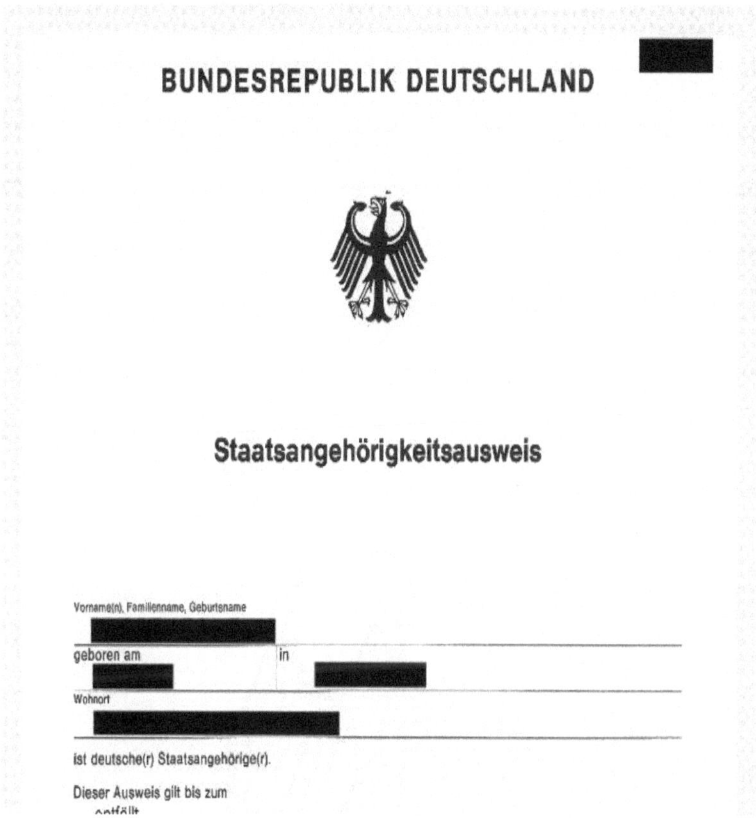
BUNDESREPUBLIK DEUTSCHLAND

Staatsangehörigkeitsausweis

Vorname(n), Familienname, Geburtsname

geboren am | in

Wohnort

ist deutsche(r) Staatsangehörige(r).

Dieser Ausweis gilt bis zum

Objekt endloser kontroverser Diskussionen: Der Staatsangehörigkeitsausweis oder sog. „Gelbe Schein".

[1] Vgl. https://bismarckserben.org/aktuelles/2019-05-16-gelber-schein-ja-oder-nein/#008a

Die kontroversen Diskussionen um den Staatsangehörigkeitsausweis, den sogenannten Gelben Schein, reißen nicht ab. Obwohl die Organisation Bismarcks Erben sich vorrangig an all diejenigen wendet, die die Desinformationen, Verleumdungen und auch bewußt angebrachten Lügen, die in dieser Diskussion zum Einsatz gebracht werden, bereits durchdrungen haben, wollen wir heute allen Wahrheitssuchenden eine faktenbasierte Entscheidungshilfe liefern, damit einjeder sich die Frage: „Gelber Schein“ ja oder nein? selbst beantworten kann. Damit verbindet sich der innigliche Wunsch, dass die endlosen Diskussionen nun enden, weil sie einzig und allein dem Zweck „Deutsche gegen Deutsche aufhetzen und sie spalten.“ dienen.

Das Thema ist komplex und daher haben wir es wie folgt gegliedert:

1) Nazi-Schein, wertloser Schein oder Erbschein?

2) Historische Betrachtung der Staatsangehörigkeit in deutschen Landen.

3) Die heutige Rechtslage.

4) Zwei Versionen des gelben Scheins?

5) Was die Verwaltung bescheinigt.

6) Wirkung des Staatsangehörigkeitsausweises gemäß RuStAG.

7) Braucht man den Gelben Schein?

~~8) Warum man den Feststellungsantrag gemäß RuStAG dennoch stellen sollte.~~

8) Warum man den Feststellungsantrag gemäß RuStAG NICHT stellen sollte.

9) Welchen Vorteil bringt mir der Gelbe Schein?

10) Weiterführende Informationen zum gelben Schein.

1) Nazi-Schein, wertloser Schein oder Erbschein?

Wer die Diskussion um den Staatsangehörigkeitsausweis intensiv verfolgt, sei es auf Stammtischen, in Foren, Kommentaren oder sozialen Medien, der wird leicht drei Positionen ausmachen können:

Die erste Gruppe argumentiert, mit dem gelben Schein würde die deutsche Staatsangehörigkeit gemäß dem geltenden Staatsangehörigkeitsgesetz (StaG) ausgewiesen. Und da das StaG auf Grundlage der von Adolf Hitler 1934 erlassenen Verordnung zur deutschen Staatsangehörigkeit basiert, handele es sich beim Gelben Schein folglich um die Bescheinung der Zugehörigkeit zum nationalsozialistischen Deutschland, dessen Staatsangehörigkeit „deutsch" lautet.

Die zweite Gruppe argumentiert: Da es sich bei Bund und Ländern lediglich um die Verwaltung des handlungsunfähigen Gesamtstaates handelt (Art 133 Grundgesetz), sei die Ausstellung eines Staatsangehörigkeitsausweises durch die Behörden der Verwaltung rechtlich nicht möglich. Die Verwaltung könne keinem Deutschen dessen originäre Staatsangehörigkeit bescheinigen.

Die dritte Gruppe hält mit dem Argument dagegen, dass man sich mit dem Feststellungsantrag zum Staatsangehörigkeitsausweis gegenüber der Verwaltung als Erbe des Völkerrechtsubjektes legitimiert und dass der Gelbe Schein daher für Deutsche als Erbschein unverzichtbar sei.

Die Erklärung, warum diese kontroverse Diskussion ewig andauert und zu keinem abschliessenden Ergebnis führen kann: **Alle drei Positionen sind richtig. Wie kann das möglich sein?**

Artikel 278.

flichtet sich, die neue Sta

seinen Staatsangehörigen

en Mächte und entsprechend

ieser Mächte erworben ist a

alifation, sei es auf Grund ein

hörigen infolge des Erwerb

r Pflicht gegenüber ihrem

Das ist ganz einfach: Mit Artikel 278 des Versailler Vertrages von 1919 (siehe Bild links) wurde ein regelrechtes Verwirrspiel um die Staatsangehörigkeit der Deutschen eingeleitet. Dieses Verwirrspiel intensivierte zunächst Reichskanzler Adolf Hitler mit seiner Verordnung zur Staatsangehörigkeit von 1934, was übrigens als ein weiterer Beleg dafür gewertet werden kann, dass Hitler eben nicht der deutsche Heilsbringer war, wie ihn gewisse Kreise bis heute gerne darstellen möchten. Weiter intensiviert wurde die Verwirrung durch die Bundesrepublik Deutschland, die als alliiertes Besatzungskonstrukt und Rechtsnachfolger des nationalsozialistischen Dritten Reiches den Auftrag hatte, die Deutschen zu verwalten. Vollends entleerte dann die Regierung Schröder im Jahr 2000 die Begriffe des Deutschen sowie der deutschen Staatsangehörigkeit.

„Deutscher ist, wer die deutsche Staatsangehörigkeit besitzt." heißt es seit dem 1. Januar 2000 – mit der Folge, dass jeder dahergelaufene Weltenbummler sich heute „Deutscher" nennen kann.

Um diese Verwirrung zu entflechten, bedarf es zunächst einer Reise in die deutsche Geschichte. Wohlan…

2) Historische Betrachtung zur Staatsangehörigkeit in deutschen Landen.

Bis 1806 bestand das erste Deutsche Reich, das Heilige Römische Reich deutscher Nationen. Dies war ein Bund von vielen Ländern, die allesamt ihrer Souveränität dahingehend entledigt waren, als sie ihre Legitimation allein vom Kaiser verliehen bekamen. Da Leibeigenschaft keine Ausnahme sondern die Regel war, existierte eine Staatsangehörigkeit dahingehend, als die leibeigene Untertanenschaft eines Landes als das Eigentum des herrschenden Fürsten betrachtet werden kann. Dazu kam, dass der Untertan eines deutschen Landes in allen übrigen deutschen Ländern als Ausländer behandelt wurde. Eine Gleichstellung aller deutschen Menschen gab es im ersten deutschen Reich nicht.

1806 wurde der Bund des ersten deutschen Reiches von Napoleon zerschlagen. Per Reichsdeputationshauptschluss wurden zudem viele kleine Fürstentümer mediatisiert, d.h. sie wurden aufgelöst, ihre Fürsten entschädigt und deren Territorien samt Einwohnern anderen Ländern zugeschlagen. Fortan gab es 37 souveräne deutsche Staaten, die nicht mehr durch einen Bund zusammengehalten, sondern zumeist unter der Herrschaft des selbsternannten Kaisers Napoleon standen, zum Teil freiwillig (zB Rheinbund), zum Teil widerwillig (zB Preußen). Auch hier wurde der Untertan eines deutschen Landes in allen anderen übrigen deutschen Ländern als Ausländer behandelt. Eine Gleichstellung aller deutschen Menschen gab es auch in diesem „Deutschland", das streng genommen nicht existierte, nicht.

1815 wurde, nachdem die Herrschaft Napoleons mittels Befreiungskriege beendet war, der Deutsche Bund gegründet, ein Staatenbund all jener deutschen Länder, wie sie auf dem Wiener Kongress völkerrechtlich festgelegt wurden. Die Leibeigenschaft war mittlerweile in allen deutschen Staaten beseitigt, aber auch im Deutschen Bund ab 1815 wurde der Untertan eines deutschen Landes in allen anderen übrigen deutschen Ländern als Ausländer behandelt. Eine Gleichstellung aller deutschen Menschen gab es auch im Deutschen Bund nicht. Der Deutsche Bund wurde 1848 aufgelöst, dann jedoch nach Scheitern der Nationalversammlung (Paulskirchenversammlung) 1851 wieder reaktiviert.

1866 wurde dieser Deutsche Bund durch den preußisch-österreichischen Krieg beendet. Österreich schied aus dem Bunde aus, erkannte dessen Auflösung an und verzichtete im Prager

Frieden auf jede Einmischung in die künftigen staatlichen Verhältnisse Deutschlands. Der Weg zur Einheit war nun frei, worauf

1867 der Norddeutsche Bund gegründet wurde. Während Bayern, Württemberg, Baden und Südhessen zunächst noch souverän jeder für sich blieben, wurden die Verhältnisse der übrigen deutschen Staaten unter Mitwirkung einer konstituierenden Versammlung von Volksvertretern in der Verfassung des Norddeutschen Bundes geregelt. Da dessen rechtlicher Charakter der eines souveränen Bundesstaat sein sollte, war es erforderlich, die rechtliche Stellung der Staatsangehörigen der Mitgliedsstaaten des Norddeutschen Bundes einheitlich zu regeln. Dies geschah mittels der »Bundesangehörigkeit«. **Per Gesetz über die Freizügigkeit vom 1. November 1867 wurden nun erstmalig in der deutschen Geschichte dem Angehörigen eines deutschen Staates in jedem anderen Mitgliedsstaat die gleichen Rechte zugestanden.** Oder anders ausgedrückt: Jedem Staatsangehörigen eines Mitgliedsstaates des Norddeutschen Bundes wurde im gesamten Gebiet des Norddeutschen Bundes die Rechte eines Inländers zugestanden. Dazu wurde das Bundes- und

Staatsangehörigkeitsgesetz (BuStag) vom 1. Juni 1870 verabschiedet, das da gesetzlich festlegte:

„§ 1. Die Bundesangehörigkeit wird durch die Staatsangehörigkeit in einem Bundesstaate erworben und erlischt mit deren Verlust".

Mit der Bundesangehörigkeit führte der Norddeutsche Bund erstmals in der Geschichte die rechtliche Gleichstellung aller deutschen Menschen ein.

1871 traten dann auch die vier verbliebenen deutschen Staaten Bayern, Württemberg, Baden und Südhessen dem Norddeutschen Bund bei. Dieser Bund erstreckte sich nun über alle deutschen Staaten und folgerichtig wurde die Verfassung des Norddeutschen Bundes zur **Verfassung des Deutschen Reiches**. Alle bestehenden Gesetze des Norddeutschen Bundes wurden per „Gesetz über die Verfassung des Deutschen Reiches" übernommen und zu Reichsgesetzen erklärt. Entsprechend des Artikel 3 der Reichsverfassung, der besagt, dass **für ganz Deutschland ein gemeinsames Indigenat** besteht, mit der Wirkung, dass der Staatsangehörige eines Gliedstaates des Deutschen Reiches in jedem anderen Gliedstaat als Inländer zu behandeln ist, galten nun auch das BuStag und das Freizügigkeitsgesetz in allen deutschen

Staaten. Ein Bayer war in Preußen den Staatsangehörigen Preußens gleichgestellt, sowie ein Hamburger in Sachsen den Staatsangehörigen des Königreich Sachsen gleichgestellt war.

1913 wurde vom Deutschen Reich das Reichs- und Staatsangehörigkeitsgesetz (RuStAG) vom 22. Juli 1913 verabschiedet. Die Änderung des BuStaG wurde erforderlich, weil die Verwaltung des Deutschen Reiches sich mittlerweile nicht mehr nur auf deutsche Länder beschränkte sondern mittels Verträge auf die deutschen Schutzgebiete (Kolonien) ausgeweitet wurde. Dieser Umstand machte es erforderlich, zwischen den Menschen in den deutschen Ländern und den Menschen in den außerdeutschen Schutzgebieten zu unterscheiden. Entsprechend heißt es im

RuStAG vom 22. Juli 1913: „§ 1. Deutscher ist, wer die Staatsangehörigkeit in einem Bundesstaat (§§3 bis 32) oder die unmittelbare Reichsangehörigkeit (§§ 33 bis 35) besitzt.“

Die Einführung einer unmittelbaren Reichsangehörigkeit wurde für das Deutsche Reich notwendig, um die Menschen in den außerdeutschen Schutzgebieten verwalten zu können. Entsprechend wurden ihre Rechte eingeschränkt, denn „umittelbar“

bedeutet u.a., dass kein Wahlrecht zu den Reichstagswahlen besteht.

Im Umkehrschluss bedeutet dies, dass die vollen Rechte eines Deutschen einzig und allein aus dessen Staatsangehörigkeit in einem Gliedstaat des Deutschen Reiches begründet sind.

Mit dem RuStaG vom 22. Juli 1913 wurde aus der Bundesangehörigkeit die Rechtsstellung als Deutscher, die sich in Bundesstaatenangehörige mit vollen Rechten und Reichsangehörige mit beschränkten Rechten aufteilt.

1934 dann beseitigte Reichskanzler Adolf Hitler per Verordnung die Staatsangehörigkeit in den Ländern, sodass es fortan hieß

„§ 1. Deutscher ist, (...) wer die (...) Reichsangehörigkeit (...) besitzt."

Damit gliederte er die Deutschen aus dem Bund aus und ordnete sie den Kolonien des Deutschen Reiches zu. Diese Kolonien wurden jedoch 1919 mit dem Versailler Vertrag dem Deutschen Reich entzogen, sodaß die meisten Deutschen dank Hitler's Verordnung fortan den entrechteten Status von Kolonieangehörigen besaßen und in der Folge bis heute als staatenlose Ausländer behandelt werden. Die Staatsangehörigkeit der hiervon Betroffenen lautet „deutsch". Es handelt sich hier um die so verworrene „deutsche Staatsangehörigkeit", die vom Rechtsnachfolger des dritten Reiches, der Bundesrepublik Deutschland beibehalten wurde. So hieß es im

RuStAG vom 1. Jan. 1988
„§ 1. Deutscher ist, (...) wer die (...) Reichsangehörigkeit (...) besitzt.

Die Verwirrung sowohl wie die Entrechtung wurden am 1. Januar 2000 mit dem Staatsangehörigkeitsgesetz zementiert. Darin heißt es seit dem:

Staatsangehörigkeitsgesetz (StAG)
„§ 1. Deutscher im Sinne dieses Gesetzes ist, wer die deutsche Staatsangehörigkeit besitzt".

3) Die heutige Rechtslage.

Maßgebliche Rechtsnorm für die bundesrepublikanische Verwaltung soll das Grundgesetz sein. Entsprechend findet man dort folgendes zur Begrifflichkeit des Deutschen:

Artikel 116 Absatz 1 Grundgesetz

„Deutscher im Sinne dieses Grundgesetzes ist vorbehaltlich anderweitiger gesetzlicher Regelung, wer die deutsche Staatsangehörigkeit besitzt…"

Der Passus „vorbehaltlich anderweitiger gesetzlicher Regelung" lässt darauf schließen, dass es neben dem aktuellen Staatsangehörigkeitsgesetz StAG noch weitere Gesetze geben muss, aus denen sich der Begriff des Deutschen ableiten lässt. Und tatsächlich heißt es in

Artikel 50 Einführungsgesetz zum Bürgerlichen Gesetzbuch (EGBGB)

„Die Vorschriften der Reichsgesetze bleiben in Kraft."

Das Grundgesetz enthält an dieser Stelle also eine Weiche, die man lesen können muss. Zur Veranschaulichung ergänzen wir entsprechend Artikel 116 Absatz 1 Grundgesetz:

„Deutscher im Sinne dieses Grundgesetzes ist vorbehaltlich der gesetzlichen Regelung des RuStaG, wer die deutsche Staatsangehörigkeit gemäß StaG besitzt…“

Vorbehaltlich bedeudet hier im Übrigen, dass das Reichsgesetz des RuStaG Vorrang besitzt. Nun betrachtet die Verwaltung aber jeden, der die deutsche Staatsangehörigkeit besitzt nach dem für sie geltenden Staatsangehörigkeitsgesetz StaG, sprich als Kolonieangehörigen und staatenlosen Ausländer, und entsprechend heißt es in der

Ausländergesetz-Verwaltungsvorschrift 1.2.3.1

„Bestehen Zweifel, ob jemand Deutscher ist, obliegt die Klärung der Staatsangehörigkeitsbehörde. Bis zur Klärung ist er als Ausländer zu behandeln. Beruft sich ein Ausländer darauf, Deutscher zu sein, hat er dies gemäß § 70 Abs. 1 nachzuweisen (z.B. durch Staatsangehörigkeitsurkunde).“

Hier treffen wir erstmalig auf den Begriff, mit dem sich dieser Artikel beschäftigt: Die Staatsangehörigkeitsurkunde. Gemäß der Ausländergesetz-Verwaltungsvorschrift ist dies eine Möglichkeit nachzuweisen, dass man Deutscher ist.

Der Nachweis ist insbesondere erforderlich, um gewisse Rechtsfolgen geltend zu machen. So heißt bei Wikipedia zum Staatsangehörigkeitsausweis:

„Der Staatsangehörigkeitsausweis kann grundsätzlich dann verlangt werden, wenn entsprechende Rechtsfolgen von Gesetzes wegen an die deutsche Staatsangehörigkeit einer Person geknüpft sind, diese also nur eintreten, wenn die Person nachweislich deutscher Staatsangehöriger ist."

Diese Rechtsfolgen können zum Beispiel im Rahmen einer beabsichtigten Eheschließung eines deutschen Mannes mit einer französischen Staatsangehörigen auftreten. Da bei einer Eheschließung die Frau die Staatsangehörigkeit des Mannes annimmt, verlangt die Republik Frankreich in diesem Fall die Vorlage des Staatsangehörigkeitsausweises, denn der französische Staat will sicherstellen, dass seine Staatsangehörige durch die Eheschließung nicht staatenlos, also „deutsch" wird.

Eine weitere Rechtsfolge kann in der Geltendmachung völkerrechtlich verbriefter Rechte für die Bewohner durch Krieg besetzter Gebiete bestehen, wir haben dies in unserem Artikel „Das

Reichsgebiet im Grundgesetz" hinsichtlich der dramatischen Wirkung des Artikel 25 Grundgesetz dargelegt.

4) Zwei Versionen des gelben Scheins?

Wie wir oben gesehen haben, enthält das Grundgesetz hinsichtlich des Begriff des Deutschen eine Unterscheidung zwischen **Deutsche gemäß RuStaG** (= Staatsangehörige in einem Bundesstaat des Deutschen Reiches) und **Deutsche gemäß StaG** (= Reichsangehörige, Kolonieangehörige). Entsprechend gibt es tatsächlich zwei Versionen des Staatsangehörigkeitsausweises.

Mit der ersten Version gemäß StaG, also basierend auf der Verordnung Adof Hitlers von 1934, weist man seine Abstammung von Deutschen bis 1934 nach. Man weist nach, dass man staatenloser Kolonieangehöriger und ein Nazi ist.

Mit der zweiten Version gemäß RuStaG, also basierend auf dem gültigen Reichsgesetz von 1913, weist man seine Abstammung von Deutschen bis vor 1914 nach. Man weist nach, dass man Staatsangehöriger in einem Bundesstaat durch Abstammung ist, also Erbe des Deutschen Reiches.

Der Unterschied zwischen den beiden Versionen des Staatsangehörigkeitsausweises besteht in der Eintragung im sog. ESta-Register beim Bundesverwaltungsamt. ESta steht für

„Entscheidungen in Staatsangehörigkeitsangelegenheiten". Im ESta-Register werden alle Staatsangehörigkeitsausweise vermerkt. Wer in diesem Register nicht gelistet ist, wird gemäß der oben zitierten Ausländergesetz-Verwaltungsvorschrift als Ausländer behandelt.

EStA Register

Registereintrag Nr. 405

Maßgeblich ist nun die Art der Eintragungung im ESta-Register. Hat man der Ausländerbehörde seine Staatsangehörigkeit gesetzeskonform gemäß § 4 Absatz 1 RuStaG vom 22. Juli 1913 nachgewiesen so wird im Register entsprechend **„Erworben durch Geburt (Abstammung) §4 Abs. 1 (Ru)StAG"** eingetragen (siehe Bild links). Mittlerweile, Stand 2019, ist die Verwaltung zwar dazu übergangen, nur noch „Geburt (Abstammung)" einzutragen und dabei den Hinweis auf das RuStAG nicht mehr zu vermerken – der Sinn der Eintragung ist dennoch immernoch gegeben, denn das Abstammungsprinzip „ius sanguinis" gilt ausschließlich im RuStAG und nicht im StAG.

5) Was die Verwaltung bescheinigt.

Wir erinnern uns an die Argumentation der zweiten Gruppe: Die bundesrepublikanische Verwaltung könne einem Deutschen die Staatsangehörigkeit in einem Bundesstaat gar nicht bescheinigen. Das ist korrekt, denn das Bestehen der Staatsangehörigkeit kann ausschließlich durch die Behörden des Staates erfolgen, dem jemand angehört. Das Bestehen bspw. der preußischen Staatsangehörigkeit kann nur eine preußische Behörde bescheinigen.

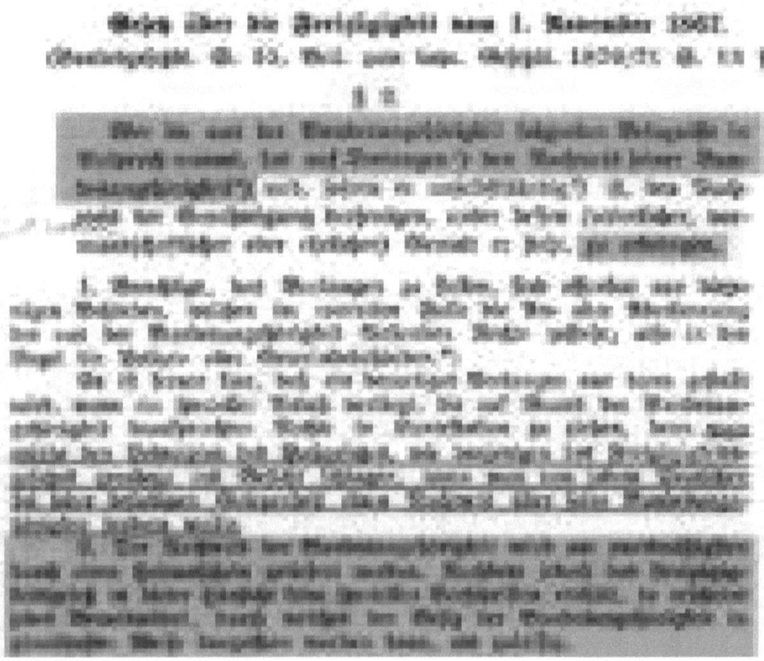

Dementsprechend bescheinigt die bundesrepublikanische Verwaltung auch nicht die tatsächliche Staatsangehörigkeit des Antragstellers, sondern die »Rechtsstellung als Deutscher« und das kann sie sehr wohl. Auch im Reich kann beispielweise eine württembergische Behörde einem Preußen das Bestehen der Rechtsstellung als Deutscher (vor Einführung des RuStAG = die Bundesangehörigkeit) bescheinigen. Sie muss es sogar tun, damit der Preuße in Württemberg seine Recht in Anspruch nehmen kann. Dies geht eindeutig aus dem Gesetz über die Freizügigkeit hervor (siehe Bild links).

Aus dem Freizügigkeitsgesetz geht weiterhin hervor, dass zum Nachweis der Bundesangehörigkeit ein Heimatschein dienen kann, der Heimatschein ist aber keine Bedingung. Ferner ist **jedes Beweismittel, durch welches der Besitz der Bundesangehörigkeit in glaubhafter Weise dargetan werden kann, zulässig**. Der Besitz der Abstammungsnachweise ist also – wie es auch Bismarcks Erben handhaben – vollkommen ausreichend. An dieser Stelle sei an die Verwaltungsvorschrift zum Ausländergesetz erinnert:

„Bestehen Zweifel, ob jemand Deutscher ist, obliegt die Klärung der Staatsangehörigkeitsbehörde. Bis zur Klärung ist er als Ausländer zu behandeln. Beruft sich ein Ausländer darauf, Deutscher zu sein, hat er dies gemäß § 70 Abs. 1 nachzuweisen (**z.B. durch Staatsangehörigkeitsurkunde**).“

Da steht „z.B. durch Staatsangehörigkeitsurkunde“ – zum Beispiel kann hier „unter anderem anderem“ gelesen werden, sodass die Abstammungsnachweise auch für die Verwaltung ausreichend sein müssen. Weil aber dieser Sachverhalt gegenüber den einfachen Bediensteten der Verwaltung sehr komplex zu argumentieren ist, ist der Besitz des Staatsangehörigkeitsausweises an dieser Stelle sehr vorteilhaft – schließlich ist es das offizielle Dokument der bundesrepublikanischen Verwaltung und man kann mit dem Gelben Schein in der Hand schlicht verweisen auf

<u>Artikel 5 Absatz 1 Einführungsgesetz zum Bürgerlichen Gesetzbuch (EGBGB):</u>

„Ist die Person auch Deutscher, so geht diese Rechtsstellung vor.“

6) Wirkung des Staatsangehörigkeitsausweises gemäß RuStAG.

Häufig wird bestritten, dass der Besitz des Staatsangehörigkeitsausweises irgendeinen praktischen Nutzen für den Besitzer hat. Wer jedoch einmal erleben durfte, wie ein versierter Gelbscheinträger eine POLIZEI®-Kontrolle handhabt, der kann den Nutzen nicht mehr in Frage stellen. Allerdings, und das betonen wir an dieser Stelle ausdrücklich: **Der Staatsangehörigkeitsausweis ist kein Freibrief und auch keine „kugelsichere Weste“.** Es ist nicht nur erforderlich, einen Staatsangehörigkeitsausweis zu besitzen – man muss die Rechtsstellung, die man damit einnimmt, verinnerlicht haben und argumentieren können. Dies gilt in besonders hohem Maße, wenn man auf in dieser Hinsicht rechtlich ungeschulte Bedienstete trifft, deren Zahl gefühlt zunimmt.

Ein bisschen Frieden dank der Landkriegsordnung

Andererseits, und das gilt es ebenfalls zu betonen, kann ein versierter nachgewiesener Deutscher auch ohne Staatsangehörigkeitsausweis seine Rechte geltend machen – es ist eine Frage des Bewußtseins, ganz gleich ob man den Gelben Schein besitzt oder nicht. Ob das, wie im Fall des Artikels im Neuen Deutschland aus dem Jahr 2015, auch vor Gericht möglich ist, ist zu bezweifeln. Der Hinweis auf die Haager Landkriegsordnung in dem Artikel ist übrigens mehr als überdeutlich. Uns ist jedenfalls niemand bekannt, der vor Gericht ohne Staatsangehörigkeitsausweis seine

Rechte, geschweige denn Rechte aus der Haager Landkriegsordnung, geltend machen konnte. Häufig ist sogar das Gegenteil der Fall: Durch rechtlich unsicheres Handeln werden häufig auch Besitzer von Staatsangehörigkeitsausweisen von Gerichten wie staatenlose Ausländer behandelt. Dies führt zu der Frage

7) Braucht man den Gelben Schein?

Bismarcks Erben haben hier eine ganz klare Position: **Nein, man braucht keinen gelben Schein!** Die Ausführungen im Freizügigkeitsgesetz des Reiches wie auch in der Ausländergesetz-Verwaltungsvorschrift der Bundesrepublik Deutschland sagen ganz deutlich, dass der Staatsangehörigkeitsausweis nur ein verwaltungstechnisches Mittel ist, den Besitz einer Staatsangehörigkeit nachzuweisen. Dieser Nachweis kann ebenso durch die Abstammungsnachweise erbracht werden. Das macht auch Sinn, denn schließlich erlangen Deutsche ihre Staatsangehörigkeit durch Abstammung mit der Geburt: Es ist unser Geburtsrecht, das uns die Verwaltung weder entziehen kann noch zu bescheinigen braucht.

~~8) Warum man den Feststellungsantrag gemäß RuStAG dennoch stellen sollte.~~

~~Mit dem Antrag auf Feststellung der deutschen Staatsangehörigkeit, korrekt abgeleitet nach RuStaG 1913, zeigt man der Treuhandverwaltung an, dass man willens ist, seine Rechte und Pflichten als Deutscher wahrzunehmen. Man gibt also eine Willenserklärung ab und macht damit der Verwaltung gegenüber sein deutsches Erbe geltend. Der Staatsangehörigkeitsausweis ist also tatsächlich auch ein offizieller Erbschein und dieses Erbe besteht aus nichts geringerem als dem Deutschen Reich Im Gebietsstand vom 27.7.1914: Das Kaiserreich.~~

~~Mittlerweile gehen immer mehr Landratsämter und selbst das Bundesverwaltungsamt (BVA) dazu über, Staatsangehörigkeitsausweise trotz einwandfrei erbrachter Nachweise nicht mehr auszustellen. Anträge werden mit der fadenscheinigen Begründung zurückgewiesen, es mangele an einen Feststellungs- bzw. „Sachbescheidungsinteresse“. Kritiker des Gelben Scheins oder „Nazi-Schein“-Propagandisten müssen sich an dieser Stelle eine Frage gefallen lassen:~~ **~~Warum verweigern bundesrepublikanische Behörden in zunehmender Zahl die~~**

~~**Ausstellung des Staatsangehörigkeitsausweises? Warum brechen sie dabei offenkundig ihre eigenen „Gesetze"?** Die Antwort ist so simpel wie einfach: Natürlich hat die Verwaltung kein Interesse daran, dass die Deutschen ihr Erbe geltend machen. Sie wollen den Deutschen ihr Erbe vorenthalten um damit weiter Kasse auf illegaler Basis zu machen. An dieser Stelle ein Hinweis: Das Wort Reich ist nicht umsonst auch in dem Wort Reichtum enthalten.~~

~~Deshalb sollte jeder Deutsche den Gelben Schein erst recht beantragen und den verbrecherischen Treuhändern damit ganz deutlich vor Augen führen, dass die Deutschen wieder die Verantwortung für sich selbst übernehmen wollen und werden. Das nennt man übrigens Souveränität.~~

8) Warum man den Feststellungsantrag gemäß RuStAG NICHT stellen sollte.

Nachtrag vom 13. Mai 2020:

Durch intensivste Auseinandersetzung haben wir den Sachverhalt Staatsangehörigkeitsausweis der BRD mittlerweile vollständig durchdrungen und kommen daher zu folgender Revision unserer Ansichten zum Gelben Schein:

Mit dem Antrag auf Feststellung der deutschen Staatsangehörigkeit macht man seine Rechtsstellung als Deutscher bei der Verwaltung der Bohrinsel GERMANY® geltend um fortan mit Syrern und Co. gleichberechtigt behandelt zu werden. Dem Vaterland hilft es nicht, im Gegenteil: Durch Antragstellung gem § 30 StAG löst man auf Grundlage eines illegalen „Gesetzes“ einen Verwaltungsakt aus und legitimiert dadurch als Bundestaatenanghöriger wiederum die Fremdverwaltung. Man kann es gar als erneute Nazifizierung betrachten, da man sich der Verwaltung des dritten Reiches bedient. Merke: Wo der Weimarer Adler drauf ist, ist die Weimarer Republik und damit Nazi-Deutschland drin. Gelber Schein und ESta in a nutshell.

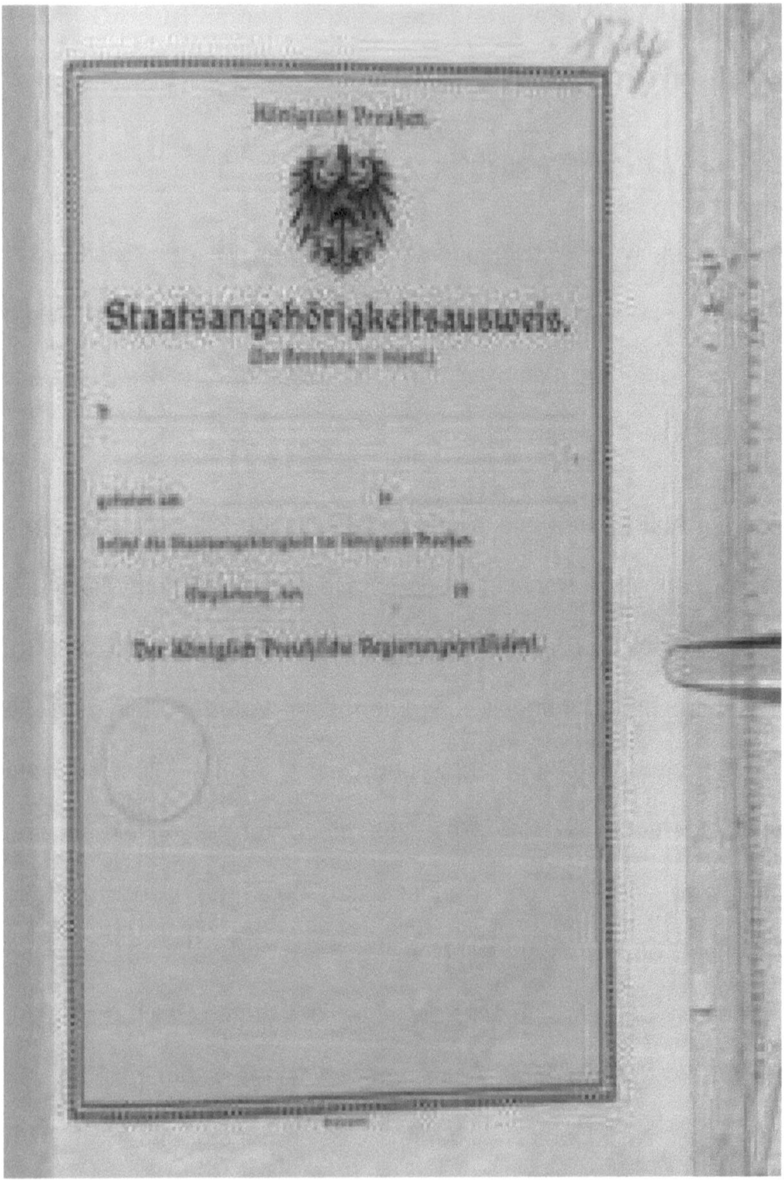

Staatsangehörigkeitsausweis.

Für Preußen dieser oder keiner.

3. Das im März 1914 im Reichsamt des Innern aufgestellte Behördenverzeichnis.

Verzeichnis derjenigen Behörden,

die befugt sind:

1. Staatsangehörigkeitsausweise und Heimatscheine auszufertigen,
2. Aufnahme-, Einbürgerungs- und Entlassungsurkunden auszufertigen,
3. die Genehmigung zur Beibehaltung der Staatsangehörigkeit (§ 25 Abs. 2) zu erteilen.

Lfd. Nr.	Staat	Behörden, die befugt sind:		
		Staatsangehörigkeitsausweise und Heimatscheine auszufertigen	Aufnahme-, Einbürgerungs- und Entlassungsurkunden auszufertigen	Die Genehmigung zur Beibehaltung der Staatsangehörigkeit (§ 25 Abs. 2) zu erteilen
1	2	3	4	5
1.	Königreich Preußen.	Die Königlichen Regierungspräsidenten; für Berlin der Königliche Polizeipräsident.	Wie in Spalte 3.	Wie in Spalte 3.
2.	Königreich Bayern.	Die Königlichen Bezirksämter und die Magistrate der unmittelbaren Städte;*) für München die Königliche Polizeidirektion.	Die Königlichen Kreisregierungen, Kammern d. Innern.	Das Königliche Staatsministerium des Innern.
3.	Königreich Sachsen.	Die Königlichen Kreishauptmannschaften: Bautzen, Chemnitz, Dresden, Leipzig, Zwickau.	Wie in Spalte 3.	Das Königliche Ministerium d. Innern.

Allein ausstellungsberichtigte Behörden.

9) Welchen Vorteil bringt es mir?

„Welchen Vorteil bringt es mir?“ ist häufig die erste Frage, wenn man auf den Staatsangehörigkeitsausweis zu sprechen kommt. Das offenbart, wie es um den Geist der deutschen Nation bestellt ist.

Deutsche, lasst euch eines gesagt sein: „Deutschland®“, wie wir es heute sehen und erleben müssen, ist, wie es ist, weil der deutsche Staat seit 100 Jahren handlungsunfähig ist. Die Frage, was der Staat für seine Angehörigen tun kann, erübrigt sich damit. Wem nicht gefällt, wie Deutschland heute ist und wohin es sich entwickelt, der sollte langsam mal beginnen sich zu fragen, was man selbst tun kann – oder besser: tun muss – damit es besser wird.

~~Das erste, was man tun kann und tun sollte, ist den Antrag auf Feststellung der deutschen Staatsangehörigkeit gemäß RuStAG zu stellen, denn dadurch signalisiert man klar und deutlich, dass man nicht nur handlungsberechtigt sondern vor allem, dass man auch handlungswillig ist.~~ Die Handlungswilligkeit ist Grundvoraussetzung für die Handlungsfähigkeit. Die meisten Deutschen sind nicht handlungswillig, darum geben sie ihre Stimme regelmäßig bei illegalen Wahlen in eine Urne. An dieser Stelle muss man auch mal fragen dürfen: Welchen Vorteil hat DAS bislang gebracht?

Erst, wenn genügend Deutsche willens sind, Änderungen zum Besseren eigenverantwortlich herbeizuführen, werden Änderungen überhaupt möglich sein. Der Feststellungsantrag zum Staatsangehörigkeitsausweis gemäß RuStAG ist eine Willenserklärung, frei und selbstbestimmt im Rahmen gültiger Gesetze handeln zu wollen und wieder die Verantwortung für die Geschicke des eigenen Vaterlands zu übernehmen. Es ist der Beginn eines langen, mühevollen Pfades. Doch je mehr Deutsche diesen Pfad entschlossen beschreiten, desto ausgetretener wird er werden und umso müheloser lässt er sich von all jenen beschreiten, die dem Pfad später nachfolgen. Es ist der Pfad heim, heim in die stolzen Länder unserer Väter, heim in das Reich der deutschen Nation. (Diesen Pfad kann man jedoch auch beschreiten, ohne der illegalen Verwaltung davon Kunde zu geben, denn schließlich ist man Deutscher durch Geburt und Abstammung oder man ist es eben nicht.)

Erst an dieser Stelle ist die Frage „Welchen Vorteil bringt es?“ erlaubt. Nun, welchen Vorteil hat es wohl, wenn die Einkommensteuer bei einem Höchststeuersatz von 10% der eigenen Gemeinde zufliesst? Wenn diese Gelder nicht mehr von

Goldman Sachs Sekretären in Berlin oder Ex EZB Chefs in Brüssel verwaltet und veruntreut werden? Wenn die Vertreter der Gemeinde über die Verwendung des gemeinschaftlich erwirtschafteten Vermögens zum Wohle der Gemeinde frei verfügen können? Welchen Vorteil hat es, wenn jede Gemeinde selbstbestimmt entscheiden kann, ob das Gebiet der Gemeinde mit krebserregenden Giften besprüht werden darf oder nicht? Welchen Vorteil hat es, wenn staatliche Beamte in staatlichen Ämtern die Gesetze stets fürsorglich auf den Bürger anwenden und wenn sie dabei wieder die volle persönliche Verantwortung für die Rechtsmäßigkeit ihrer dienstlichen Handlungen übernehmen? Welchen Vorteil hat es, wenn Deutsche wieder Rechte besitzen anstatt permanent den Entzug von Privilegien fürchten zu müssen? Wer kennt schon den Unterschied zwischen „Erziehungsberechtigung“ und „elterlicher Gewalt“?

Nein, der Staatsangehörigkeitsausweis bringt keine Vorteile. Doch das Erbe, das man auf seinem Prinzip geltend macht, birgt gewaltige Vorteile. Also fragt nicht länger, was euer Land für euch tun kann; fragt, was ihr für euer Land tun könnt, damit es euch wieder eine Zukunft bietet. Treten wir endlich gemeinsam unser

Erbe an, damit wir es zurück in die goldene Zukunft führen, die den Deutschen nun 100 Jahre lang durch Neid, Gier und Hass fremder Mächte verwehrt wurde. Dafür braucht es keinen Gelben Schein sondern allein den Willen, die Dinge wieder zum Rechten zu wandeln.

10) Weiterführende Informationen zum gelben Schein.

Wer sich die Frage „Gelber Schein – ja oder nein?“ jetzt noch immer nicht selbst beantworten kann, dem geben wir eine weitere Entscheidungshilfe mit auf den Weg. In folgendem Video wird die Thematik „deutsch VS Deutscher“ aus einem weiteren Blickwinkel beleuchtet: Wer bin ich? Der Unterschied zwischen Mensch und Person.

Wer sich nun für die Vorgehensweise zur Einreichung eines Feststellungsantrages interessiert, der findet beim Aktionsbündnis Gelber Schein alle Informationen, die man dafür benötigt.

Staatsangehörigkeit Geschichte, Grundgesetz, Indigenat, ius sanguinis, Staatsangehörigkeit, Völkerrecht, Völkerrechtssubjekt

Beitrags-Navigation

Zum 205. Geburtstag

Reichsverfassungsurkunde von Riedel online verfügbar

II. **Kommentare:**

18 comments on "„Gelber Schein" ja oder nein?"

1. Andreas16. Mai 2019 at 20:09

Was mache ich wenn ich keinen Nachweis erbringen kann weil von meinen Vorfahren nichts mehr Existiert. Die Russen haben alles vernichtet es gibt erst ab 1946 in diesem. Ort wieder Nachweise.

Reply ↓

1. Sascha171 Post author 16. Mai 2019 at 20:21

Lieber Andreas, Du teilst das Schicksal sehr vieler Heimatvertriebener aus dem deutschen Osten. Eine oftmals erfolgreiche Möglichkeit, doch noch an die Nachweise zu gelangen, besteht in der Recherche in Geburts-, Eheschließungs- und Sterberegistern der Kirchen. Und eines darf man auch nicht außer Acht lassen: Selbst wenn ein Ort gänzlich vernichtet wurde, so existierte doch in der Regel eine übergeordnete Kreis- sowie Provinzialverwaltung. Die Herausforderung besteht hierbei häufig darin nachzuvollziehen, welche Archive an welchen Ort verbracht wurden. Ich wünsche Dir von ganzem Herzen viel Erfolg dabei!

Reply ↓

2. Dirk17. Mai 2019 at 17:49

Danke für den super Artikel, der viele Verwirrungen und Irrungen beseitigt. Bei mir ist die Sache etwas kompliziert. Mütterlicherseits könnte ich meine sächsische Abstammung bis vor 1871 nachweisen, aber meine Mutter ist ehelich geborene und ihr Vater war Österreicher, der im Krieg gefallen ist. Zu dieser Familie ist jeder Kontakt abgerissen wegen damaliger Konfessionsprobleme (evang. / kath.). Ich käme also in die K&K-Monarchie abstammungsmäßig nach BGB. Zumindest ist das mein Wissensstand. Ich hatte bis 1986 die österreichische Staatsangehörigkeit, habe diese aber aus damaliger Unwissenheit abgegeben und mich in die, leider wie ich es jetzt sehe, 1934er einbürgern lassen. Ein fataler Fehler, der nicht mehr rückgängig zu machen ist. Höchstwahrscheinlich habe ich die absolute Ar...karte gezogen, denn je mehr ich mich damit beschäftige, desto sicherer wird das. Ich würde gerne mal mit dem Autor des obigen Artikels darüber telefonieren. Kontakt per E-Mail.

Reply ↓

1. **Sascha171** Post author 18. Mai 2019 at 15:33

Lieber Dirk, ich räume offen ein diese Thematik nicht zu überblicken. Daher möchte ich Dich gerne an https://gelberschein.net/ verweisen, dort findest Du gewiss die Kompetenz, die erforderlich ist, um Deinen Sachverhalt aufzuklären. Viel Erfolg wünsche ich Dir.

Reply ↓

3. Karl17. Mai 2019 at 22:15

Leider auch nicht korrekt. Die „Weimarer Republik“ hat mit dem Putsch gegen Wilhelm II und der handelsrechtlichen Überlagerung über das Reich den Zugriff auf das Völkerrechtssubjekt „gekappt“ – sie durften also Völkerrechtlich nur noch verwalten. Das ist bis heute so.

Mit der „Gründung“ der Länder (nach Zerschlagung der Bundesstaaten) haben sie so getan, als ob die Staatsangehörigkeit der Gliedstaaten in die „Länder“ gewandert wäre. Das Ist natürlich Unsinn, weil die „Länder“ geografische und verwaltungstechnische Einheiten waren, aber keine eigenen Völkerrechtssubjekte.

Was Hitler also 1934 gemacht hat, war (die völlig wertlose) angebliche Staatsangehörigkeit in den LÄNDERN (der WR) abzuschaffen – die Staatsangehörigkeit in den Gliedstaaten hat er nicht angetastet, das konnte er gar nicht. Die ist Stand 1918 „eingefroren“, weil die Gliedstaaten seitdem handlungsunfähig sind.

Die Staatsangehörigkeit im III. Reich lautete „Deutsches Reich“ – nicht „Deutsch“. Dafür gibt es abertausende Dokumente, die das belegen. Das „Deutsch“ stammt m.W. aus EINEM EINZIGEN handschriftlichen Dokument, wo niemand weiß, wie das zustande gekommen ist. Der Vordruck stammt noch aus der WR und das Dokument wurde 1934 (kurz nach Inkrafttreten des StAG) in einer kleinen Gemeinde ausgestellt. Das belegt gar nichts, außer vielleicht, dass ein Bürgermeister oder seine Sekretärin noch keine Durchführungsbestimmungen zum neuen StAG hatte, denn im StAG selbst steht es nicht drin, wie die Staatsangehörigkeit genau zu bezeichnen ist.

Reply ↓

1. **Sascha171** Post author 17. Mai 2019 at 22:54

Vielen Dank für die sachlich korrekte Ergänzung. Aufgrund der Komplexität des Sachverhaltes und der sich daraus ergebenden nicht unbeträchtlichen Länge des Artikels, wurde darauf verzichtet dies in aller Breite auszurollen – es ist nur ein Detail im Gesamtzusammenhang und resultiert aus Artikel 278 des Versailler Diktats. Hitler's Staatsangehörigkeit „Deutsches Reich" ist schließlich die unmittelbare Reichsangehörigkeit, die als „deutsche Staatsangehörigkeit" mit dem Attribut „deutsch" bis heute von der Verwaltung genutzt wird – um Deutsche als pflegebedürftige Nazis verwalten zu dürfen und ihre eigene Existenz zu rechtfertigen Insgesamt wäre es wünschenswert und sehr hilfreich, die rote Linie von 1933 zu durchbrechen und Hitler für eine Weile einfach mal auszublenden. Deutsche haben sich 70 Jahre lang mit nichts anderem beschäftigen dürfen und wenn die deutschen Dinge geregelt sind, können sie sich die nächsten tausend Jahre wieder damit beschäftigen. Gegenwärtig ist es nur wichtig, sich auf den 9. November 1918 zu fokussieren. Alles darauf folgende ist als nicht-zielführend beiseite zu schieben.

Reply ↓

4. Pingback: „Gelber Schein“ ja oder nein? | V O L K S T R I B U N A L PRESSEDIENST

5. Mirko Potsdam6. Juli 2019 at 15:18

Mir wurde der gelbe Schein vor Jahren verweigert. Leider konnte mir bisher niemand sagen, was ich tun kann/muss um diesen zu bekommen.

Reply ↓

1. **Sascha171** Post author 6. Juli 2019 at 17:17

Man kann leider nur sehr wenig tun wenn die Ausstellung rechtswidrig verweigert wird, man das Dokument aber unbedingt ausgestellt haben will. Hier kann es hilfreich sein, die Wohnhaft in einen anderen Landkreis zu verlegen, von dem bekannt ist, dass er noch ausstellt, um dort dann erneut die Feststellung einzureichen.

Reply ↓

6. Fred4. Dezember 2019 at 21:15

Siehe § 3 STAG: https://www.gesetze-im-internet.de/stag/BJNR005830913.html

Zitat, Auszug:

„§ 3

[…]

(2) […]. Als deutscher Staatsangehöriger wird insbesondere behandelt, wem ein Staatsangehörigkeitsausweis, Reisepass oder Personalausweis ausgestellt wurde. […]“

Damit hat sich meines Erachtens das mit dem Staatsangehörigkeitsausweis erledigt, egal in welcher „Version“ ?!

Reply ↓

1. **Sascha171** Post author 6. Dezember 2019 at 22:57

Als deutscher Staatsangehöriger »behandelt« zu werden und nachweisbar Deutscher zu »sein«, sind juristisch unterschiedliche Begriffe. Solange „keine Zweifel bestehen", ist alles gut. An dieser Stelle sei erneut auf die Ausländergesetz-Verwaltungsvorschriften Punkt 1.2.3.1 verwiesen. Generell weist man mit dem Staatsangehörigkeitsausweis seine Rechtsstellung als Deutscher nach, verbleibt damit aber in der Auslandskolonie Bananenrepublik GERMANY. Zur Einreise in das und zum Aufenthalt in das Reichsgebiet des Deutschen Reiches wird seit dem 1. Juni 1917 nur noch der Personalausweis (RGBl 1916 Seite 609) ausgestellt → https://www.youtube.com/watch?v=SMTvL3Rc2Wc&

Reply ↓

7. Fred7. Dezember 2019 at 11:32

Oh…, es verdrehen sich die Hirnwindungen beim Lesen der oben angegebenen Fundstelle, gefunden hier: http://www.gesetze-xxl.de/allgemeine-verwaltungsvorschrift-zum-auslandergesetz/

Zitat, Auszug:

„[…]

1.2.3.1 Deutsche, die zugleich eine oder mehrere fremde Staatsangehörigkeiten besitzen, sind keine Ausländer i.S.d. Ausländergesetzes (inländischer Mehrstaater). Bestehen Zweifel, ob jemand Deutscher ist, obliegt die Klärung der Staatsangehörigkeitsbehörde. Bis zur Klärung ist er als Ausländer zu behandeln. Beruft sich ein Ausländer darauf, Deutscher zu sein, hat er dies gemäß § 70 Abs. 1 nachzuweisen (z.B. durch Staatsangehörigkeitsurkunde).

[…]".

Wie könnte der Nachweis wohl sonst noch erbracht werden ? Die Klammer enthält ja ledigilich eine nicht abschließende Aufzählung. Beglaubigte Abschriften aus dem Geburtenbuch zurück bis vor Juli 1914 alleine führen zu können, dürfte wohl bei weitem nicht ausreichen …

Die andere Fundstelle wurde hier gefunden: https://commons.wikimedia.org/wiki/File:Deutsches_Reichsgesetzblatt_1916_143_0601.png

Dann also doch endlich den Sinn darin erkennen, einen Staatsangehörigkeitsausweis nach RuStaG zu stellen ?

Reply ↓

1. **Sascha171**Post author7. Dezember 2019 at 23:28

Zitat „Beglaubigte Abschriften aus dem Geburtenbuch zurück bis vor Juli 1914 alleine führen zu können, dürfte wohl bei weitem nicht ausreichen …“ Zitat Ende. Doch, reicht aus: Artikel 50 EGBGB iVm § 2 des Gesetz über die Freizügigkeit vom 1. November 1867.

Reply ↓

8. Fred8. Dezember 2019 at 20:56

Es wurde gerade in die Gesezt[z]essammlung von 1911 mit dem Titel „Reichszivilgesetze", 3. Auflage, Ausgabe für Preußen, „Eine Sammlung der wichtigsten Reichsgesetze über Bürgerliches Recht und Rechtspflege" von Dr. Ernst Jaeger, Pro[f]essor der Rechte zu Leip[]zig für den Gebrauch auf der Hochschule und in der Praxis geschaut hin[s]ichtlich des Wortlautes des Artikel 50 des EGBGB. Der dort zu lesende Text lautet, Zitat, Auszug: " Artikel 50. Der §. 9 des Gesetzes, betreffend das Reichsschuldbuch, vom 31. Mai 1891 (Reichs. Gesetzbl. S. 321) wird dahin geändert: Eine Ehefrau wird zu Anträgen ohne Zustimmung des Ehemannes zugelassen. [...]" Daraus wird geschlossen, daß im oben angesprochenen Artikel 50 des EGBGB nicht die Rede ist vom Einführungsgesetz zum Bürgerlichen Gesetzbuche vom 18. August 1896, EGBGB, (Reichsgesetzblatt 1896 S. 604 – 950), zu finden auch hier virtuell:https://de.wikisource.org/wiki/Einf%C3%BChrungsgesetz_zum_B%C3%BCrgerlichen_Gesetzbuche,

:sondern von der „BRD-Version" des EGBGB die Rede sein wird, die lautet, Zitat: „Art. 50 Die Vorschriften der Reichsgesetze bleiben in Kraft. Sie treten jedoch insoweit außer Kraft, als sich aus dem

Bürgerlichen Gesetzbuch oder aus diesem Gesetz die Aufhebung ergibt."

Fundstelle: https://www.gesetze-im-internet.de/bgbeg/

Ja, und der in § 2 des Gesetzes über die Freizügigkeit vom 1. November 1867, der wie folgt lautet, Zitat: „§ 2. Wer die aus der Bundesangehörigkeit folgenden Befugnisse in Anspruch nimmt, hat auf Verlangen den Nachweis seiner Bundesangehörigkeit und, sofern er unselbstständig ist, den Nachweis der Genehmigung desjenigen, unter dessen (väterlicher, vormundschaftlicher oder ehelicher) Gewalt er steht, zu erbringen."

Fundstelle: http://www.verfassungen.de/de67-18/freizuegigkeit67.htm

geforderte Nachweis, der könnte ja mit den Beglaubigten Abschriften aus dem Geburtenbuch erbracht werden ?!

Nur ist hier derzeit keine Verwaltungsstelle bekannt, bei der man die Rechtsstellung als Deutscher und „Bismarcks Erbe" wirksam und gültig erklären und durchsetzen könnte, auch wenn es im Artikel 5, Erster Absatz, letz[t]er Satz des „BRD-EGBGB heißt, Zitat: „Ist die Person auch Deutscher, so geht diese Rechtsstellung vor."

Fundstelle: siehe oben

Herzlichen Dank jedenfalls für die Bestätigung der Auffassung, die bis jetzt auch hier geteilt worden ist, daß die Beantragung eines Staatsangehörigkeitsausweises bei einer Ausländerbehörde einer BRD-Verwaltung zur Wahrung der Rechte als Deutscher entbehrlich ist. Vielmehr wäre zu klären, wo und wie diese Stellung und ob überhaupt derzeit gültig geltend gemacht werden kann ?! Wo also könnte sich die Stelle finden, wo man sich auf, Zitat: „Artikel 50 EGBGB iVm § 2 des Gesetz über die Freizügigkeit vom 1. November 1867.", berufen könnte ?

Reply ↓

1. **Sascha171**Post author9. Dezember 2019 at 11:20

Zitat „Wo also könnte sich die Stelle finden, wo man sich auf, Zitat: „Artikel 50 EGBGB iVm § 2 des Gesetz über die Freizügigkeit vom 1. November 1867.“, berufen könnte?“ Zitat Ende.

Jede Verkehrskontrolle bietet Gelegenheit dazu: Nicht einlassen, keine Kooperation mit Bediensteten der Verwaltung Nazi-Deutschlands. Es ist allein eine Frage des Bewußtseins.

Zitat „Vielmehr wäre zu klären, wo und wie diese Stellung und ob überhaupt derzeit gültig geltend gemacht werden kann ?!“ Zitat Ende.

Bei einer gesetzlichen Paßbehörde des Wohnsitz-Bundesstaates

→ https://www.youtube.com/watch?v=SMTvL3Rc2Wc

Reply ↓

9. Annadora21. Mai 2020 at 1:17

Nach allem was geschehen ist, kann ich mir nicht vorstellen, daß die Frage Wer ist Deutscher nur mit Papiernachweis beantwortet werden kann. Genau wie die Frage ob ich Mensch sei. Ich hab mich schon als Kind über den PERSONALAUSWEIS gewundert und gefragt – aber es gab niemand Antwort. Oft hatte ich das Gefühl, daß ich nicht als Mensch behandelt wurde sondern irgendein Ding, das herumgereicht wird und auch mal zerfleddert. Aber immer wußte ich daß ich Mensch bin und was das bedeutet. Hat sich auch nie wirklich geändert, trotz vieler Jahre Bewußtseinsarbeit. Genauso weiß ich daß ich Deutsche bin, oder besser gesagt Berlinerin, oder noch besser Zehlendorferin. auch Brandenburgerin, denn daß der Sand in Brandenburg überall derselbe ist, das wußte ich auch, und dieser Sand war mein Heimatboden, mit allem was darauf wuchs und was meinen Körper aufbaute. Meine Knochen sind Brandenburger Sand. Punkt. Und so wie die Dinge gelaufen sind, denke ich, daß es auch Menschen gibt, deren Vorfahren nicht hier wuchsen, sie selber aber schon, und die unser Land und unsere Kultur lieben wie wir selber. Sie mögen selten sein, aber es gibt sie. Dazu gehört auch meine leibliche Tochter, die wegen mieser

Gesetze amerikanischen Paß hat. Soll sie keinen anspruch haben, Deutsche zu sein, nur weil ihr Vater es nicht war? Der Rest ihrer Vorfahren ist genauso 1000 Jahre deutsch wie eben meine es sind. Ich bin froh, daß ihr das mit dem gelben Schein aufgegeben habt. Ich sitze hier und spüre mein Deutschsein bis ins Tiefste hinein. Bin dankbar daß es euch gibt, alle, die an dem Thema gearbeitet haben. Über 40 Jahre im Ausland war es niemals so schwer Deutsch zu sein, als seit ich wieder hier bin. Daß Deutsche Deutsche so hassen könnten, hätte ich nie gedacht. Daß wir so belogen wurden wußte ich auch nicht, obwohl ich mehr wußte als viele. Daß diese Lüge brandgefährlich geworden ist das ist klar. Mir fehlt meine Heimat so sehr. Was jetzt hier ist, ist so deutsch wie ein Mensch im Gefängnis noch Mensch sein kann.

Reply ↓

1. **Sascha171**Post author21. Mai 2020 at 8:28

„Soll sie keinen Anspruch haben, Deutsche zu sein, nur weil ihr Vater es nicht war?" – in der Tat. Deutscher ist ein gesetzlich normierter Begriff (§1 RuStaG) und das Reichs- und Staatsangehörigkeitsgesetz verfolgt dabei den Grundsatz des ius sanguinis (Recht des Blutes). Die Rede des Abgeordneten Dr. Giese zu den Beratungen des RuStaG im Reichstag am 28. Mai 1913 verdeutlich die Intentionen dieser gesetzlichen Regelung: „Wir freuen uns, daß in dem [Reichs- und Staatsangehörigkeits-] Gesetz der Grundsatz des ius sanguinis rein durchgeführt worden ist, daß also in der Hauptsache die Abstammung, das Blut das Entscheidende für den Erwerb der Staatsangehörigkeit ist. Diese Bestimmung dient hervorragend dazu, den völkischen Charakter(!) und die deutsche Eigenart(!) zu erhalten und zu bewahren. Wir treten infolgedessen allen denjenigen Anträgen entgegen, die das ius soli in irgendeiner Weise einzuführen beabsichtigen." Nicht umsonst heisst es im deutschen Volksmund: Darum prüfe, wer sich ewig bindet.

Reply ↓

MIX
Papier aus verantwortungsvollen Quellen
Paper from responsible sources
FSC® C105338

Printed by Books on Demand GmbH, Norderstedt / Germany